BEI GRIN MACHT SICH IHR WISSEN BEZAHLT

- Wir veröffentlichen Ihre Hausarbeit,
  Bachelor- und Masterarbeit

- Ihr eigenes eBook und Buch -
  weltweit in allen wichtigen Shops

- Verdienen Sie an jedem Verkauf

Jetzt bei www.GRIN.com hochladen
und kostenlos publizieren

Bibliografische Information der Deutschen Nationalbibliothek:

Die Deutsche Bibliothek verzeichnet diese Publikation in der Deutschen National-
bibliografie; detaillierte bibliografische Daten sind im Internet über http://dnb.d-
nb.de/ abrufbar.

Impressum:

Copyright © 2004 GRIN Verlag, Open Publishing GmbH
Druck und Bindung: Books on Demand GmbH, Norderstedt Germany
ISBN: 9783656494799

Dieses Buch bei GRIN:

http://www.grin.com/de/e-book/24695/einfuehrung-in-die-rechnungseingangsprue-
fung-pruefen-von-wareneingangsrechnungen

Chris Penn

Einführung in die Rechnungseingangsprüfung - Prüfen von Wareneingangsrechnungen (Unterweisung Kaufmann / -frau)

GRIN Verlag

GRIN - Your knowledge has value

Der GRIN Verlag publiziert seit 1998 wissenschaftliche Arbeiten von Studenten, Hochschullehrern und anderen Akademikern als eBook und gedrucktes Buch. Die Verlagswebsite www.grin.com ist die ideale Plattform zur Veröffentlichung von Hausarbeiten, Abschlussarbeiten, wissenschaftlichen Aufsätzen, Dissertationen und Fachbüchern.

Besuchen Sie uns im Internet:

http://www.grin.com/

http://www.facebook.com/grincom

http://www.twitter.com/grin_com

Unterweisungsprobe: Einführung in die Rechnungseingangsprüfung - Prüfen von Wareneingangsrechnungen -

Von *Christian Penn*

Inhaltsverzeichnis:

1. Sachanalyse

In jedem Unternehmen gehen Rechnungen ein. Es ist daher wichtig, die prüfungsrelevanten Merkmale einer Eingangsrechnung zu kennen, um bei Abweichungen Rechnungskorrekturen, Stornierungen oder Rücksendungen zu veranlassen. Beim Zahlungsverkehr müssen vereinbarte Zahlungsfristen beachtet und gewährte Nachlässe (Skonti) vom Rechungsbetrag abgezogen werden.

Wichtig ist es auch, die Institution „Rechnungsprüfung" als ein Glied in der Prozesskette zwischen **„Bedarf (Anforderung) und Zahlungslauf"** zu begreifen.

Die Grundlagen der Rechnungsprüfung sowie die Zusammenhänge der vor- und nachgelagerten Arbeitsprozesse zu verstehen und in der Praxis umzusetzen, sollen den Auszubildenden näher gebracht werden.

2. Rahmenbedingungen

2.1 Vorkenntnisse des Auszubildenden

Der Auszubildende ist männlich und 17 Jahre alt. Er hat die Realschule besucht und direkt nach erfolgreichem Schulabschluss eine Ausbildung zum Industriekaufmann begonnen. Er befindet sich am Anfang des 2.

Ausbildungslehrjahres und durchläuft zur Zeit die Buchhaltung in unserem Hause. Der Auszubildende hat eine gute Auffassungsgabe, dies hat er schon bewiesen als ihm der Aufbau einer Rechnung und die verschiedenen Zahlungsbedingungen (Skonto, Rabatt, Bonus u.s.w.) erklärt wurden.

2.2 Ort der Unterweisung

Die Unterweisung findet am Arbeitsplatz in der Buchhaltung statt.

3. Zusammenhang Schule und Betrieb

In der Berufsschule wird das Thema Rechnungsprüfung im 1. Ausbildungsjahr behandelt. Dort werden nur die theoretischen Grundkenntnisse für diese Lehreinheit vermittelt. Im Betrieb und zusammen mit den Berufsschulkenntnissen in der Praxis angewendet.

4. Lernziele

4.1 Richtziel

Der Auszubildende soll die Grundzüge der Rechnungskontrolle beherrschen.

4.2 Grobziel

Der Auszubildende soll Rechnungen auf ihre Richtigkeit untersuchen.

4.3 Feinziel

Der Auszubildende soll selbstständig eine Rechnungsprüfung durchführen können, eventuelle Fehler erkennen und deren Berichtigung veranlassen können. Außerdem kann er die Rechnung richtig buchen.

5 Methode der Unterweisung

Der Auszubildende soll über die *Vier-Stufen-Methode* sein Lernziel erreichen. Er soll durch Nachahmen des Ausbilders mögliche praktische Verfahrensweisen erkennen und anwenden können. Später soll er selbstständig das Gesehene anwenden und verstehen.

6. Geplanter Verlauf

6.1 Vorbereitung und Motivation

Der Arbeitsplatz im Büro, an welchem die Unterweisung stattfinden soll ist ordentlich und aufgeräumt. Der Monitor des Computers ist ausgeschaltet, wodurch Ablenkungen durch Bildschirmschoner oder ähnliches verhindert werden. Der Zeitpunkt der Unterweisung ist so gelegt, das wenig Durchgangsverkehr herrscht. Um Störungen durch Telefonate zu verhindern, ist das Telefon auf einen Kollegen umgestellt worden.
Zu Beginn werden wir den Auszubildenden begrüßen und ihm erzählen, dass wir heute die Rechnungseingangsprüfung durchnehmen. Wir verdeutlichen ihm, dass er das Erlernte nicht nur beruflich,

sondern auch privat nutzen und anwenden kann. Durch diese Verbindung zum privaten Bereich erhoffen wir uns einen Motivationsschub beim Auszubildenden.

6.2 Vormachen und Erklären

Wir werden dem Auszubildenden die Rechnung, die es zu prüfen gilt geben und ihm kurz erklären um was es geht. Dann werden wir ihn fragen was er für Ideen hat, wie man die Rechnung prüfen könnte. Seine Antworten hören wir uns aufmerksam an und werden sie auch kurz mit dem Auszubildenden besprechen.

Nach dieser Besprechung bringen wir den Auszubildenden darauf, dass die Rechnung der Bestellkopie und der Wareneingangsmeldung (WEM) zugeordnet gehört. Fehlen Bestellkopie oder WEM so müssen diese im Einkauf angefordert werden.

Sind alle Belege vorhanden, so kann mit dem Überprüfen der Belege begonnen werden. Zuerst müssen Rechnungsanschrift, Bestellnummer, Lieferbedingungen, Preisstellung, Preis und Steuer mit den oben genannten Belegen abgeglichen werden. Bestehen Abweichungen müssen diese mit dem Einkauf abgeglichen und dokumentiert werden. Als weiteres ist die Liefermenge zwischen den 3 Belegen abzuprüfen. Wenn wieder Abweichungen bestehen, muss dies mit dem Wareneingang und dem Einkauf abgeklärt werden und wiederum dokumentiert werden.

Sind alle Prüfungsschritte erfolgreich durchlaufen, so kann die Rechnung anhand des Kontenplans kontiert werden.

6.3 Nachmachen und Erarbeiten

Wir geben dem Auszubildenden eine neue zu prüfende Rechnung. Nun soll er die Schritte wie oben erklärt nachmachen. Wenn der Auszubildende die Rechnung richtig geprüft hat, so besprechen wir einige Feinheiten und Schwierigkeiten die bei der Prüfung evtl. anfallen können. Zum besseren Verständnis geben wir ihm nachfolgendes Prüfungsschema zur Hand.

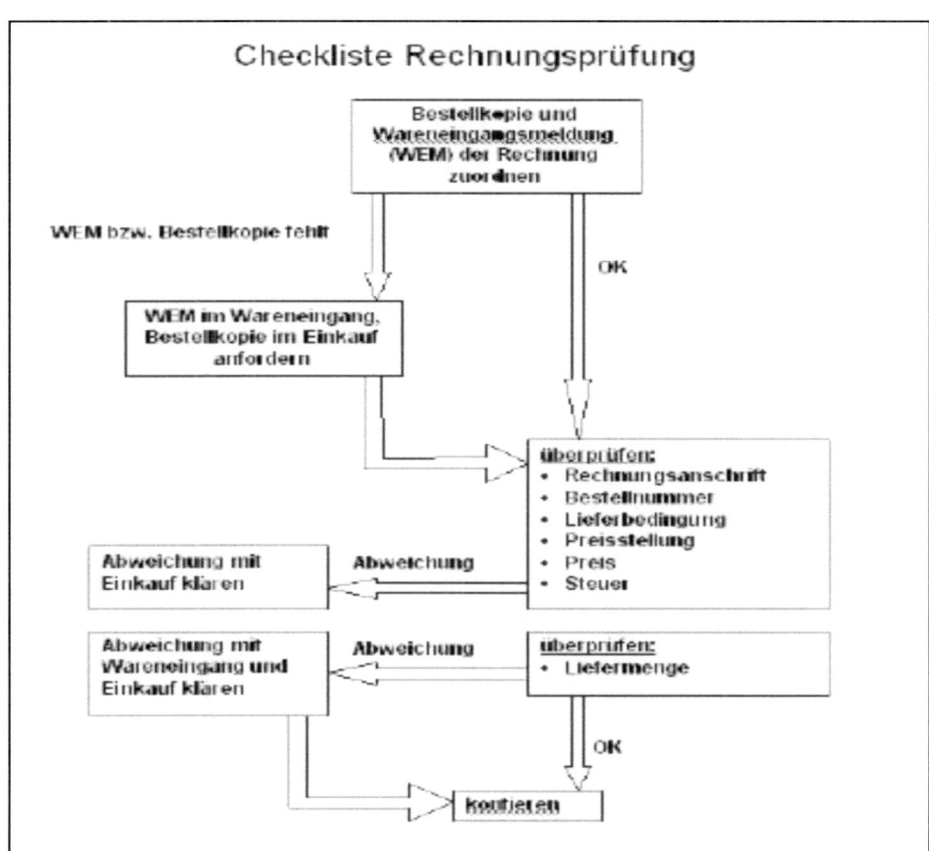

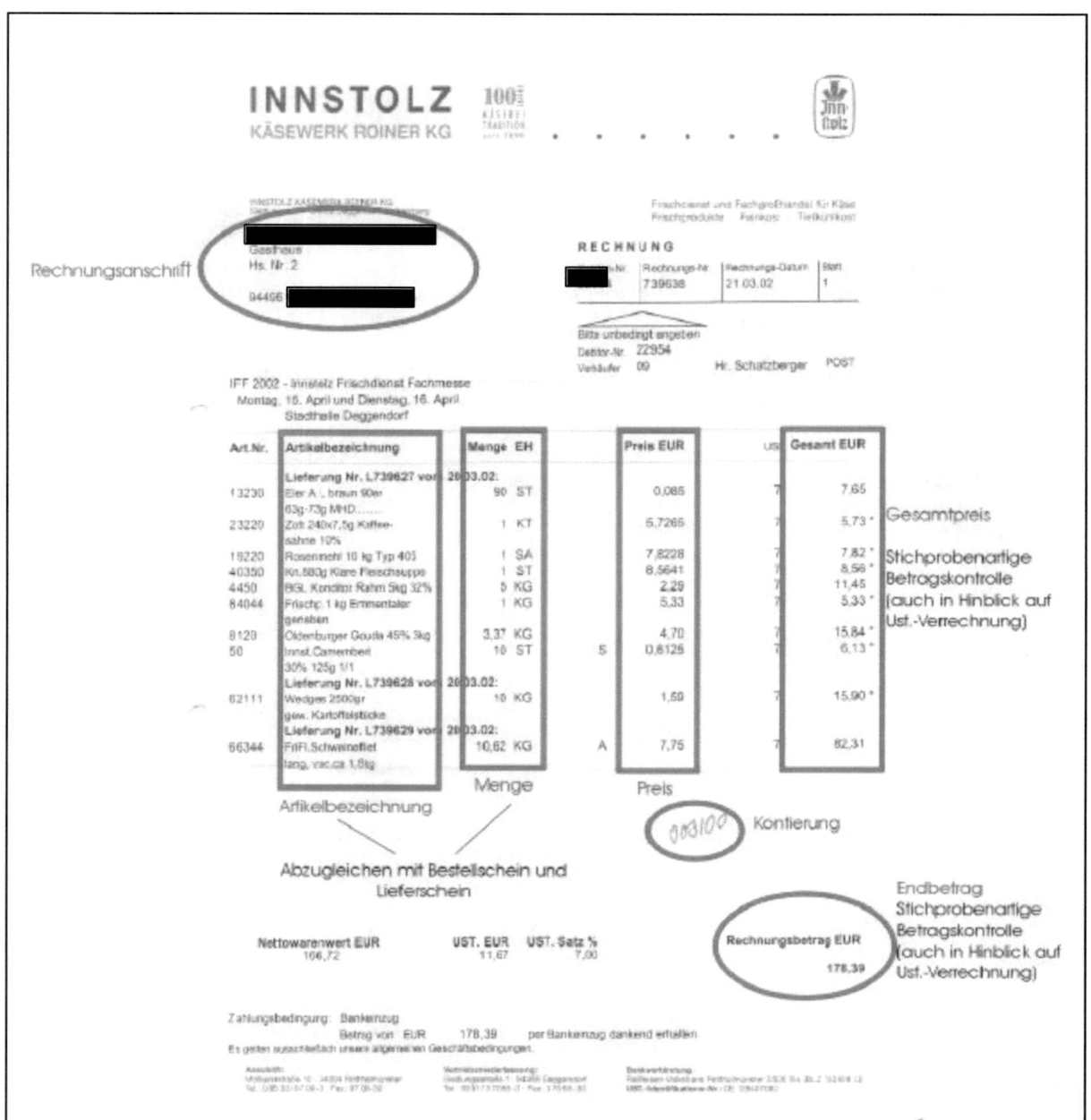

6.4 Ausblick / Üben und Festigen

Als Ausblick sollte man dem Auszubildenden erzählen wie durch die EDV diese Tätigkeit eine Änderung erfahren hat.

Üben und Festigen erfolgt durch direkte praktische Arbeit am Ausbildungsplatz in der Buchhaltung oder sogar durch Anwendung dieser Tätigkeit im privaten Bereich. Diese Tätigkeit könnte der Auszubildende dann auch in der Firma eigenverantwortlich erledigen, was dann auch seine Motivation fördern würde.